FRAGMENT

D'UNE

ÉTUDE SUR LE POUVOIR ROYAL

EN FRANCE.

LE POUVOIR ROYAL

SOUS LOUIS VIII ET LOUIS IX

PAR

M. de la BRUNETIÈRE.

AMIENS
TYPOGRAPHIE DE DELATTRE-LENOEL
32, RUE DE LA RÉPUBLIQUE, 32.
1881

LE POUVOIR ROYAL EN FRANCE

Sous LOUIS VIII et LOUIS IX.

FRAGMENT

D'UNE

ÉTUDE SUR LE POUVOIR ROYAL

EN FRANCE.

LE POUVOIR ROYAL

SOUS LOUIS VIII ET LOUIS IX

PAR

M. de la BRUNETIÈRE.

AMIENS

TYPOGRAPHIE DE DELATTRE-LENOEL

32, RUE DE LA RÉPUBLIQUE, 32.

1881

Extrait de l'INVESTIGATEUR, *Journal de la* Société des Études historiques

(Juillet-Août 1881.)

LE
POUVOIR ROYAL EN FRANCE

Sous LOUIS VIII et LOUIS IX.

Fils de Philippe-Auguste, père de Saint Louis, comment Louis VIII n'aurait-il pas donné à son pouvoir le caractère chrétien. Ce caractère ressort chez Louis VIII du principal emploi qu'il fit de son activité et de sa courte apparition sur le trône (1223-1226). On sait que cette activité qui s'était déjà signalée sous le règne précédent et avait fait du dauphin Louis le seul capétien qui soit entré en vainqueur à Londres, continua à être toute guerrière et que son principal aliment sur le trône fut de combattre et d'achever de dompter à peu près complétement la triple haine de l'hérésie, de l'anarchie féodale et du Midi contre l'orthodoxie, la royauté française et le Nord.

Certes, la cruauté et le pillage qui sont plus ou moins inséparables des actions guerrières se produisirent alors avec une fréquence et une intensité plus odieuses et plus deshonorantes que jamais. Mais quand on aura rougi pour l'humanité de ces scènes barbares qu'on trouve plus ou moins mêlées aux guerres de passions soit politiques ou sociales, soit religieuses, quel que soit le siècle qui les voie naître [1],

---

(1) Les massacres des Albigeois, les fureurs des guerres religieuses du XVI⁰ siècle, les tueries sauvages et encore plus épouvantables de la première Révolution, la guerre civile des journées de juin 1848, les crimes qui font frissonner d'horreur de

sera-t-on en droit de condamner le mobile et de méconnaître les résultats de la croisade commencée par Simon de Montfort et continuée par Louis VIII.

Le triomphe de l'hérésie méridionale au XIIIe siècle, c'était l'unité de patrie et de pouvoir arrêté dans ses premiers développements et suivant de près la ruine de l'unité religieuse. Les écrivains qui ne voient dans la guerre albigeoise que prétexte à déclamation contre le fanatisme et qui, quelques pages plus loin, parlent avec emphase du bienfait de l'unité nationale, feraient bien d'accorder leurs opinions. Pour nous qui les avons toutes devant les yeux parfaitement enchaînées, nous saluerons dans Louis VIII un héros, avant tout chrétien, qui mit son épée au service des deux causes presque toujours unies de la religion et de la patrie.

Du prince qui se souvint constamment, dans ses guerres, des devoirs chrétiens de la royauté, passons au prince qui est demeuré dans l'histoire la personnification de l'accomplissement de ces devoirs : j'ai nommé Saint Louis. Désormais ce n'est plus seulement par intervalles ni même dans la plupart des actes du pouvoir qu'éclatera le caractère chrétien. Son signe distinctif sera d'exister partout, d'être le mobile permanent de la conduite du monarque qu'il s'agisse de guerre de législation ou de protection des lettres et des arts.

Ne se guider que par l'équité, que par ce qu'on considère comme la justice et la vérité, voilà où, sous les traits de Marc-Aurèle, a échoué le sage antique, cherchant le vrai et méconnaissant l'évangile, se piquant de justice, de modération, et ordonnant la plus injuste comme la plus cruelle des persécutions, voilà où a pleinement réussi le sage chrétien sous les traits de Louis IX. Ce n'est pas tout. En

---

la dernière Commune, se sont produits à des époques et sous des civilisations bien différentes. Elles n'ont qu'un point commun, leur mobile emprunté au déchaînement des passions soit politiques, soit religieuses.

Sur la croisade des Albigeois les livres les plus intéressants me paraissent être : 1° Son histoire par Pierre de Vaulx-Cernay acteur dans les événements et leur témoin oculaire ; 2° une autre histoire des Albigeois par Guillaume de Puy-Laurens chapelain du comte Raymond ; 3° l'histoire d'Innocent III par Hurter où le ministre protestant n'a pas craint de rendre hommage au grand pape catholique.

approchant de la perfection morale autant que notre faiblesse le comporte, ce sage chrétien n'est pas seulement devenu digne de l'admiration philosophique. Il a été un héros, selon le monde, et même, par un assemblage de qualités qui semblent s'exclure, un héros politique. Le guerrier intrépide, l'habile administrateur, l'inspirateur d'un des mouvements les plus remarquables qui se soient produits dans le domaine intellectuel ont paru à côté du saint. L'Église a mis Louis IX sur ses autels. Une opinion dédaigneuse des princes et de la religion n'a pas fait difficulté de saluer dans Louis IX l'un de nos plus grands hommes.

Appliqué à la guerre, cet esprit d'équité, disons le mot, de sainteté, se traduisit de deux manières différentes. D'une part, le prince se garda d'entreprendre des guerres injustes et d'abuser de la victoire [1]. D'autre part, il ne se crut nullement interdit de saisir toutes les occasions honorables et solides de s'agrandir et d'être aussi utile à sa couronne que l'avaient été ses prédécesseurs. Suivons-le dans cette double voie. D'abord il est à remarquer que presque toutes ses guerres sont des guerres défensives et qu'il se contente de repousser l'attaque dont il est l'objet. Cinq ennemis principaux le menacent : le comte de Champagne, Thibaut ; le duc de Bretagne, Pierre Mauclerc ; le comte de Toulouse ; Raymond VII ; le comte de la Marche, Hugues de Lusignan et le plus important de tous, le roi d'Angleterre, Henri III, encore plus redoutable par son animosité que par sa puissance, s'il avait été capable de poursuivre ses desseins et de faire prévaloir ses haines. Dès 1227, ces adversaires de la royauté prennent l'offensive. Louis IX et sa mère se bornent à disjoindre la coalition et à en détacher le comte de Champagne. Les mêmes intrigues recommencent à la fin de la même année 1227, avec cette seule différence que cette fois c'est l'oncle du roi, le frère même de Louis VIII, Philippe Hurepel, comte de Boulogne, qui est opposé à la régente. Son projet de la sur-

---

(1) M. Guizot a fort bien dit à ce sujet, avec son autorité habituelle (Histoire de France racontée à mes petits enfants) : « Quand il fit la guerre à quelqu'un de ses grands vassaux, il ne s'y engagea que sur leur provocation pour soutenir les droits ou l'honneur de sa couronne et il usa de la victoire avec autant de modération qu'il en avait montré avant d'entrer dans la lutte. »

prendre avec son fils dans le trajet d'Orléans à Paris échoue miséra-
blement. Pour cela il suffit à Blanche de faire prévenir les Parisiens.
En 1230-1231, nouvelles agressions dirigées par Pierre Mauclerc,
nouvel emploi de moyens purement défensifs par la reine-mère qui
agit encore plus par des négociations que par les armes.

De nouveaux troubles ayant éclaté la même année dans le Midi,
grâce aux intrigues renaissantes du comte Raymond, la reine-mère a le
mérite de les déjouer et de signer l'un des traités les plus avantageux
qu'ait signés la couronne ; mais si heureuse que fût cette guerre, ce n'est
pas sur la régente que devait en retomber la responsabilité. En 1234, il
est vrai, le prince, qui agit désormais par lui-même, commence les hos-
tilités, mais il ne prévient Pierre Mauclerc que pour n'être pas pré-
venu par lui. Enfin, en 1242, c'est encore une coalition nouée entre
la comtesse de la Marche, les rois d'Angleterre, d'Aragon, de Castille,
de Navarre qui force le prince à entrer en campagne et à remporter
les deux brillantes victoires de Taillebourg et de Saintes. Les guerres
de Saint Louis ne deviennent offensives que quand il s'agit, avec l'isla-
misme, de l'ennemi irréconciliable et infatigable de la croix et de la
civilisation, c'est-à-dire d'un adversaire qu'en n'allant pas combattre
chez lui, on eût été presque sûr de voir déborder sur l'Europe avec
plus de violence encore qu'il ne l'a fait.

Quant à la modération dans la victoire, Saint Louis en donne plusieurs preuves que je ne pense pas qu'on puisse rencontrer ailleurs ni
qu'on puisse imputer à un autre mobile qu'à la pensée chrétienne
toujours présente. Voici les principales de ces preuves : en 1242, le
comte Raymond de Toulouse, après avoir perdu tous ses alliés et
toutes ses espérances, trouve un accueil clément auprès de Saint Louis
contre lequel il s'était soulevé une nouvelle fois, et qui, pouvant
l'anéantir, se contente de lui imposer le respect des conditions de 1229,
En 1258, Saint Louis voulant réparer ce qu'il considérait comme une
injustice de son grand-père Philippe-Auguste, restitue au roi Henri III
une partie des territoires possédés autrefois par l'Angleterre en
France : le Périgord, le Limousin, la partie méridionale de la Sain-
tonge avec la suzeraineté sur l'Angoumois, restitution à laquelle rien
ne le contraignait, si ce n'est la voix de sa conscience démesurément
scrupuleuse et qui par un effet bien différent des diminutions habi-

tuelles de territoire, agrandit sa renommée dans le même temps qu'elle rétrécissait les bornes de ses frontières.

S'agit-il des acquisitions de provinces qui prouvent que, tout en se laissant guider avant tout par la justice et l'équité, Saint-Louis ne négligeait pas une occasion d'agrandissement honorable, il suffit d'énumérer dans leur ordre chronologique les faits suivants. En 1229, il s'annexe sur le comte de Toulouse Raymond, en vertu du traité de Meaux, tout le duché de Narbonne, c'est-à-dire les comtés de Narbonne, Agde, Nimes, Melgueil ou Maguelonne, Uzez et Viviers, plus le Gévaudan. En 1234 il achète à Thibaut, comte de Champagne, les comtés de Blois, de Chartres, de Sancerre, la vicomté de Châteaudun. En 1245, il acquiert le comté de Mâcon et met ainsi le pied en Bourgogne. En 1257, il acquiert le comté du Perche. En 1262, par le mariage de Philippe de France avec Catherine d'Aragon, complément du traité de Corbeil, il rend à la couronne les comtés d'Arles, Forcalquier, Foix, Cahors.

S'il n'obtient pas de résultats matériels immédiats en Asie et en Afrique où il débarque deux fois, une première en 1249, une seconde en 1270, et s'il prend ainsi une large part à l'héroïque et si politique aventure des croisades, il ne faut pas oublier qu'en dehors de raisons décisives qui changent la folie apparente en profonde sagesse, il eut le premier le mérite de pressentir l'importance de cette terre d'Afrique pour la soumission de l'Orient et de devancer le plus grand génie militaire de l'Europe moderne dans l'un de ses principaux plans.

Envisagé comme législateur ou administrateur chrétien, Louis VIII, dans son règne si court, n'a que le temps de se distinguer par le large usage de son droit de grâce. Il donne, à son sacre, la liberté à un grand nombre de serfs et gracie tous les prisonniers, sauf les félons qui avaient porté les armes contre Philippe-Auguste.

Le même esprit de clémence et de justice se rencontre chez Louis IX. De l'union de ces deux qualités poussées à leur plus haut point et se faisant parfait équilibre sort un type idéal qu'on n'a pas revu, en sorte que le plus saint de nos rois, le seul que l'Église ait canonisé, nous apparaît en même temps comme le premier de nos justiciers. Dans ses rapports avec le gouvernement civil, la sagesse du législateur Louis IX consiste dans une ligne de conduite qui n'est que la mise à exécution de cette maxime chrétienne : ne faites pas à autrui ce que vous ne voudriez pas qu'on vous fît et qui, examinée dans ses plus importants mobiles, se rapporte à deux ordres de faits principaux : diminuer ou même supprimer par tous les moyens possibles les occasions d'injustice, travailler sans relâche au bonheur de tous sans distinction de rang ou de personne.

Il y avait deux usages judiciaires (si tant est qu'on les puisse appeler de ce nom) deux manières de se faire rendre justice qui, aux yeux de Saint Louis, devaient être spécialement « déplaisants » à la divinité : c'étaient la guerre privée et le duel judiciaire. Par la première, le moindre gentilhomme offensé, ou se prenant pour tel, avait le droit de se ruer soit sur son offenseur, soit sur les parents de son offenseur, sans reconnaître d'autre limite à son droit de vengeance que la faculté de porter partout le meurtre et l'incendie. Par le second usage en vertu duquel il semblait à Saint Louis qu'on tentait criminellement Dieu, la force matérielle, la force pure était appelée à décider légalement, régulièrement, les contestations soit civiles, soit criminelles. D'autres sortes de jugements de Dieu, comme on les appelait sans doute par antiphrases, les épreuves par le feu et l'eau avaient disparu sous la réprobation ecclésiastique. L'esprit guerrier de la féodalité, la commodité pour son ignorance de recourir à un mode de preuve aussi simple, maintenaient le jugement par le duel et l'appliquaient à la plupart des cas. A la première de ces occasions d'injustice au droit de guerre privée, Louis IX oppose les remèdes suivants : d'abord, en vertu d'une ordonnance rendue en 1235, il y aura en ce qui concerne les parents des parties, un délai obligatoire de quarante jours entre l'offense et la guerre entreprise pour la venger. Ce délai qu'on appelle la Quarantaine-le-Roy et qui avait déjà été imposé sous Philippe-Auguste, tombé en désuétude, probablement sous la Régence est rétabli, et l'on prête la main plus énergiquement que jamais à son exécution. Ce n'est pas tout que cette protection suspensive. Au bout de quarante jours le plus faible se trouvera souvent encore à la merci du plus fort. Louis IX intervient de nouveau en faveur de la faiblesse en péril, en l'autorisant à évoquer, dans le même délai, l'affaire à son tribunal comme au tribunal du suzerain et en défendant à l'autre partie, sous les peines les plus sévères, de rien entreprendre tant que le jugement royal n'aura pas été rendu. Enfin en janvier 1257 [1], il complète celle série de mesures protéctrices par l'interdiction absolue, au moins sur ses domaines, de « toutes guerres, incendies, perturbation et troubles apportés au labourage. »

Il recourt à un luxe au moins égal de précautions et de défenses quand il s'occupe de supprimer la seconde occasion d'injustice et d'extirper du droit féodal le duel judiciaire. Il se produisait dans deux cas. D'abord les parties se présentant devant les juges, on leur ordonnait de se battre et le vainqueur était censé avoir pour lui le bon droit, il se réclamait du jugement de Dieu. Saint Louis proscrivit « les » batailles par devant justice » et ordonna « de mettre à leur place la » preuve par témoins sans ôter les autres bonnes et loyales preuves » usitées en cours laïques [2] ». Le second genre de duel était celui qui existait entre l'une des parties et l'un des juges ou témoins. Il arrivait souvent que la partie perdante ou condamnée, mécontente du verdict ou des allégations qui l'avaient motivé et continuant d'ailleurs à demander la reconnaissance de son droit à la force, provoquait en duel, soit un témoin, soit l'un des juges. L'opération qui résultait de cette sorte d'appel par l'épée, s'appelait « fausser jugement. On accusait de fausseté ceux qui avaient déposé ou statué et l'on demandait aux armes la preuve de leur déloyauté et de leur injustice. Saint Louis décida que toutes les fois qu'il s'établirait une pareille contestation, elle devrait être rapportée en cour du roi où elle serait jugée en dernier ressort. Restait un cas où il n'était plus question de duel judiciaire mais où, aux yeux de la raison si scrupuleusement chrétienne de Saint Louis, le bon droit n'était guère mieux garanti. C'était le cas où un sujet, étant entré en contestation avec son seigneur, celui-ci était juge et partie dans sa propre cause. Saint Louis ordonna que l'affaire serait alors portée devant le bailli royal.

Montrer le mal que Louis IX empêcha par ces lois, c'est aussi mon-

---

(1) Cet édit fut rendu à Saint-Germain-en-Laye.

(2) Les preuves usitées en cours laïques étaient, en retranchant le duel judiciaire interdit par Louis IX, au nombre de six : l'aveu du défendeur ou de l'accusé, les lettres écrites de sa main, les témoins, l'exposition des faits par le demandeur lorsque le défendeur ne la contredisait pas, l'évidence palpable ou flagrant délit, les présomptions.

trer le bien qu'il fit législativement. On pourrait peut-être tirer une preuve plus directe, sous ce rapport, du caractère universel dont sont empreintes ses ordonnances si nombreuses. Il y a là la preuve de son désir de pénétrer partout, de remédier à toutes les prévarications, à tous les abus, quelle qu'en fût la source, quelle que fut la classe ou la la profession qui en fût victime.

Les sentiments chrétiens, je redirais presque de sainteté, si le mot ne paraissait pas encore plus hors de sa place appliqué à un politique, que lorsqu'il s'agit d'un guerrier, les sentiments chrétiens se révèlent chez l'administrateur Louis IX, soit à l'esprit général de ses actes, soit à certaines mesures prises par lui.

Parlant des grandes lignes de son attitude vis-à-vis du pouvoir rival de la monarchie à cette époque, du pouvoir féodal, on a dit [1] sinon textuellement, du moins en substance, qu'il s'était à la fois gardé d'attaquer plusieurs de ses prérogatives essentielles, telles que le droit de résistance à main armée à la royauté, parce qu'il voyait en elles certains droits qu'on devait respecter et de travailler à la consolidation de toutes ses prérogatives parce que toutes ne lui paraissaient pas également compatibles avec la justice. Rien de plus vrai. Les actes de Saint Louis prouvent que tout en brûlant du désir de supprimer certaines coutumes du régime féodal qu'il considérait comme des abus, il n'eut nullement l'intention, à l'instar de ses ancêtres Louis-le-Gros et Philippe-Auguste, de supprimer ou même de diminuer le pouvoir des seigneurs, qu'il était trop scrupuleux pour écouter à ce point la raison politique et que dans une pensée de réforme qui était sa seule préoccupation, il tenait uniquement à corriger les parties d'un tout qu'il respectait. Voilà l'esprit général de ses actes dans sa politique intérieure.

Quant aux mesures particulières prises par lui et qui s'inspirent des mêmes préoccupations, c'est-à-dire de préoccupations essentiellement chrétiennes, voici celles qui me paraissent avoir le plus d'importance. La dépendance simultanée des deux couronnes française et anglaise

---

[1] Voir M. Guizot, *Hist. de la Civil.*, leçon XIVe. La distinction entre ce que Saint Louis voulut réformer et ce qu'il voulut respecter y est admirablement établie.

qui était le fait d'un grand nombre de vassaux, donnait lieu à une véritable confusion et pouvait jeter certains seigneurs dans une grande perplexité de conscience lorsque, la guerre éclatant entre les deux couronnes, il s'agissait de prendre parti pour l'une d'elles. Louis IX, touché par ces troubles de conscience plus que par tout autre motif, ordonna aux seigneurs qui relevaient des deux royaumes d'opter pour le service de l'un d'eux. La médiation qui a toujours été dans les habitudes chrétiennes était l'un des rôles les plus honorables pour la royauté puisque par là elle prévenait des conflits destinés à mettre à feu et à sang soit le Royaume, soit les États voisins et que d'autre part ces demandes d'intervention indiquaient le degré de considération dont elle jouissait dans l'esprit des peuples. Je ne crois pas que, sous ce rapport, aucun pouvoir français ait jamais été l'objet d'un honneur semblable, puisque l'arbitrage national dépassa plusieurs fois sous Saint Louis les bornes de nos frontières et qu'il fut réclamé dans les circonstances les plus solennelles, à un plus grand nombre de reprises qu'il ne l'a été depuis dans le cours de notre histoire. Les inconvénients du défaut de surveillance qui rendait souvent illusoire la promulgation des réformes devaient frapper Saint Louis d'une façon toute spéciale. Il y remédia personnellement, dans la mesure de ses forces, en parcourant plusieurs provinces chacune des années qui s'écoulèrent de 1254 à 1270

Puis, comme le remède était insuffisant, il se mit en mesure de voir par les autres ce qu'il ne pouvait examiner lui-même et rétablit sous les noms d'enquêteurs chargés de tout inspecter, les *missi dominici*, dus à la pensée d'un autre héros chrétien, de Charlemagne.

Il ne ferma pas pour cela les yeux sur d'autres abus, d'autres vexations qui pouvaient venir des fonctionnaires, et leur responsabilité[1], la courte durée de leurs fonctions qui ne devait pas excéder

---

(1) « Les baillis, sénéchaux, après leur sortie de charge, demeureront ou du moins « laisseront pour eux suffisant procureur durant cinquante jours afin de répondre « aux plaintes qui seraient portées contre eux par devant ceux qui seront chargés de « recevoir les dites plaintes. » *Ordonnances des rois de France*, t. I. p. 65. Cette disposition était tirée des lois romaines. Les officiers royaux étaient déclarés responsables tant en leurs biens qu'en leurs personnes des malversations qu'ils commettraient.

trois ans furent placés à côté de leur importance. Enfin, pour en finir avec les rapports particuliers de Louis IX avec la société féodale qui lui furent dictés par l'esprit chrétien, c'est une chose curieuse que de voir dans les établissements, la façon dont il envisage son pouvoir et le rattache étroitement à la divinité. « Le roi tient de Dieu [1] », et ainsi le dernier mot, dans le pouvoir royal, doit appartenir aux idées de vertu, de justice, de religion, d'ordre supérieur. Le christianisme est la base de la royauté de Louis IX. Par là s'expliquent les actes de cette royauté. Ils ne sont que la continuation de son origine.

Ils ne changent pas quand il s'agit des rapports particuliers du pouvoir royal avec les classes les plus humbles de la nation. Elles avaient souvent à subir des entraves dans l'exercice de leur industrie et de leur commerce. Louis IX défend à ses sénéchaux, en 1254 et quelque temps après son débarquement à Hyères, « d'empêcher les habitants
» de Beaucaire de porter où il voudront leurs blés, leurs vins et
» autres denrées pour les vendre, à la condition qu'ils ne fourniront
» ni vivres, ni armes aux Sarrasins, tant que les chrétiens seront en
» guerre avec ceux-ci, ni à aucun de nos autres ennnemis. Il ajoute
» que s'il arrivait cependant quelque cas urgent pour lequel il convînt
» de porter les denrées hors du pays, le sénéchal assemblera un con-
» seil non suspect auquel assisteront plusieurs des prélats, des barons
» et des bourgeois des bonnes villes » : prescription qui donne naissance aux Etats Provinciaux du Languedoc [2].

Le soin des pauvres et des malades était l'une des traditions chrétiennes de la monarchie. Louis IX surpasse, dans ses secours à toutes les misères matérielles, les exemples de générosité évangélique que lui avaient légués ses ancêtres. « Il avait communément cent-vingt pauvres qui
» étaient repus chaque jour en sa maison quelque part qu'il fût. Il
» leur faisait distribuer de ses propres viandes et aux vigiles des
» quatre grandes fêtes annuelles il les servait avant de boire ou de
» manger. Aucuns de ses familiers murmuraient parfois de ce qu'il

---

(1) T. 1, C. LXXVI des établissements de Saint Louis.
(2) En 1269 fut tenue, en vertu de cette ordonnance, une assemblée où figuraient les consuls de vingt-sept villes et bourgs des deux sénéchaussées de Beaucaire et de Carcassonne.

» faisait de si grands dons et aumônes, et disaient qu'il y dépensait
» moult, mais le bon roi disait qu'il aimait mieux dépenser moult en
» aumônes qu'en bombances et vanités. »

Ce que Louis IX considérait comme beaucoup plus grave que la
gêne dans l'écoulement des produits aussi bien que le mal physique
et les souffrances matérielles, c'était l'encouragement ou même la
tolérance de vices ou d'erreurs mettant en péril la vertu, les croyances
saintes et par là formant le plus sérieux obstacle à ce qui, dans sa
pensée, était le terme souverain et le but même de l'existence. C'est
dans cet ordre d'idées inspirées par la foi qu'il faut se placer et non
dans un ordre d'idées purement politique et matériel, pour comprendre
la sévérité des peines édictées par Louis IX contre les blasphémateurs [1], les courtisanes, les hérétiques, les juifs et, généralement
tous les instruments de la perte des âmes. Tout absorbé par le bonheur
et l'avenir de ses sujets, Saint Louis croyait ne pas pouvoir écarter,
avec trop de précautions, ce qui à ses yeux était le plus contraire à
ce bonheur et à cet avenir.

La même recherche du bien et du juste sous toutes les formes lui
fait élever dans l'échelle sociale toute une catégorie de travailleurs
destinés au plus grand rôle. Des hommes dont le principal mérite
était leur savoir et leur expérience des affaires, comme les juris-
consultes Geoffroy de Villette, Pierre de Fontaines, siègent dans les
grandes assises à côté des pairs du royaume et de seigneurs tels que
le sire de Nesles et le comte de Soissons. Cette réunion n'est pas une
rencontre éphémère. Louis IX a le mérite de jeter les bases d'institu-
tions durables. Elle est la première organisation du parlement ou de
la Cour suprême [2] du roi, rendue nécessaire par l'accroissement du

---

(1) Ici, il est nécessaire d'ajouter qu'il s'est formé une légende. On a fait semblant
de croire d'abord, et on a cru ensuite par ignorance qu'un édit de Saint Louis
avait ordonné le percement de la langue de tous les blasphémateurs. Or, il ne
s'agit, en réalité, que d'un ouï-dire rapporté par Joinville et d'un fait isolé. Le bon
chroniqueur a entendu raconter que Saint Louis ayant entendu jurer un bourgeois
de Paris, ordonna qu'on lui perçât la langue. Voilà tout ce que rapporte l'histoire
véritable.

(2) Le premier jugement inscrit au registre du Parlement de Paris est de 1254.
Le parlement ou cour du roi est encore ambulatoire dans la première partie du
règne de Saint Louis, cour ou conseil du roi il se transporte avec le roi. Dans la

nombre des appels. D'abord les grands officiers de la couronne avaient été adjoints aux pairs; ensuite les légistes sont adjoints aux pairs et aux grands officiers de la couronne. Désormais, par le fait de cette agrégation, il y a une nouvelle aristocratie, une aristocratie judiciaire à côté de l'aristocratie sacerdotale et féodale. Le sentiment de l'équité chrétienne, aussi bien qu'une merveilleuse intuition d'habileté, avait conduit Louis IX à chercher à élever le niveau général de la nation en faisant entrer dans les conseils du souverain une classe qui avait le dépôt d'une des sciences les plus augustes, de la science du droit.

Un des points qui importaient le plus au bien-être et à la prospérité des classes roturières était la régularisation de la valeur des monnaies rendue difficile par le grand nombre des seigneurs qui avaient le droit de frapper à leurs armes [1] des valeurs d'or et d'argent et plus encore par le profit que trouvaient ces seigneurs à empêcher l'introduction de la fixité et de l'uniformité en ces matières. Ce profit, en effet, était de trois sortes. La fonte des monnaies était une occasion de gain énorme pour le seigneur retenant pour lui généralement le sixième du métal. Son droit d'altération des monnaies lui était racheté par des impôts qui souvent n'empêchaient pas qu'il revint à son mode d'enrichissement originel. Enfin la multiplicité des opérations du change était pour lui une troisième source de revenus, habitué qu'il était à refuser l'entrée de ses domaines au numéraire de la seigneurie voisine. Louis IX édicta que sa monnaie aurait cours dans tous les lieux où l'on n'en fabriquait pas et que dans les autres elle serait admise concurremment avec la monnaie du pays. Il s'interdit, en même temps, le droit d'altérer les monnaies. Ce qui est aussi significatif que le but même de l'ordonnance rendue en 1262, au point de vue de la sollicitude royale pour les intérêts populaires est la forme

---

seconde partie du règne de Saint Louis le parlement devient fixe ou à peu près puisque, selon M. Boutaric (*la France sous Philippe-le-Bel*, p. 193), on compte soixante-neuf sessions de l'année 1254 à 1302 dont trente trois à Paris, une à Orléans, une à Melun et que les autres dont on ne connait pas au juste le lieu de réunion se tinrent probablement dans la capitale.

(1) Quatre vingt-huit barons et prélats environ avaient le droit de battre monnaie sous Saint Louis. C'étaient les seigneurs sur les terres desquels se trouvaient les anciens hôtels de monnaies des rois francs.

donnée à la rédaction de cette ordonnance. Elle est délibérée et signée par les réprésentants de la grande masse nationale qu'elle concernait, consultée pour la première fois dans l'ancienne France Capétienne [1] et qui s'est choisi pour délégués trois bourgeois de Paris, trois bourgeois de Provins [2], deux d'Orléans, deux de Sens et deux de Laon. Ce consentement des intéressés accompagne presque toujours les actes de Saint Louis. Et c'est ainsi que lorsqu'il s'agit de la rédaction des statuts des métiers, rédaction qui fut le code de l'industrie naissante [3], ce ne fut pas Etienne Boileau qui fut l'auteur de cet ouvrage comme on l'a répété. Tout le travail et tout le mérite du Prévôt de Paris parait avoir été, sur ce point, de recueillir, ou mieux encore de rédiger les déclarations des maîtres jurés et prud'hommes de chaque communauté de marchands et d'artisans. A ces réformes et à tant d'autres : amélioration du sort de l'agriculture par la répression du brigandage féodal, création à Paris du guet des métiers ou

---

(1) Jusque là il n'y avait guère eu d'assemblées des trois ordres clergé, noblesse, délégués des villes qu'en Normandie et en Provence. La royauté française, dans la personne de Saint Louis, inaugurait un droit nouveau qu'un autre capétien, Philippe-le-Bel, devait développer et conduire à son premier épanouissement.

(2) On a remarqué que Provins ne dépendait pas du domaine royal mais du comté de Champagne ; que, partant, ou bien le comte de Champagne s'était associé à l'œuvre de Louis IX, ou bien le principe suivant lequel toute ville de commune relevait du roi avait reçu déjà son application. *Ordonnances des rois de France*, t. I, p. 90.

(3) Il ne faudrait pas s'abuser sur ces mots « industrie naissante. » Pour ne recourir qu'à un genre de preuves, l'appréciation d'un des monuments les plus populaires de l'époque de la Sainte-Chapelle par l'un des juges les plus autorisés, par M. Viollet-le-Duc, montre à quel point en étaient déjà les procédés de fabrication : « Lorsqu'on parcourt la Sainte-Chapelle, dit M. Viollet-le-Duc, *Dictionnaire raisonné de l'Architecture française du XIe au XVIe siècle*, on ne peut concevoir » comment ce travail, surprenant par la multiplicité et la variété des détails, la » pureté d'exécution, la richesse de l'ornementation et la beauté des matériaux, a » pu être achevé pendant un laps de temps aussi court (1242 ou plutôt 1245 jus- » qu'à 1247). De la base au faite la chapelle est entièrement bâtie en pierre dure de » choix liais, cliquart ; chaque assise est cramponnée par des agrafes en fer coulées » en plomb ; les tailles et la pose sont exécutées avec une précision rare ; la » sculpture en est composée et ciselée avec un soin particulier. Sur aucun point on » ne peut constater ces négligences, résultat ordinaire de la précipitation et, cepen- » dant, telle qu'elle est aujourd'hui, la Sainte-Chapelle du palais est privée d'une » annexe importante qui, à elle seule, était un monument. »

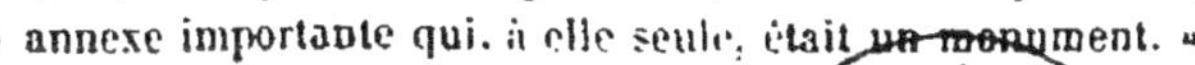

3

guet bourgeois, sorte de garde nationale aussi demandée et efficace que celle de nos jours fut évitée et impuissante, établissement d'une bonne police dans la prévôté de Paris, défense aux officiers royaux de molester les populations par des déplacements déraisonnables ou encore d'acheter des propriétés dans les lieux mêmes où ils exerçaient leurs charges ou encore de vendre librement [1] ces charges, et de recevoir des présents [2] Saint Louis ajoutait encore le ton de paternité digne de l'Ecriture-Sainte dont il les donnait et qu'on a tant remarqué dans les paroles suivantes : « Beau fils, disait-il en 1259 au dauphin
» Louis destiné à mourir l'année suivante, je te prie que tu te fasses
» aimer du peuple de ton royaume, car, vraiment, j'aimerais mieux
» qu'un Ecossais vînt d'Écosse ou quelque lointain étranger qui gou-
» vernât le royaume bien et loyaument que si tu le gouvernais mal
» en point et en reproches. »

Dans ses rapports avec la société ecclésiastique, l'administrateur, le politique Louis IX demeure fidèle à ce qui était déjà le fond de la règle du pouvoir royal en France et travaille à accroître l'indépendance des deux pouvoirs spirituel et temporel, trouvant sans doute que telle était la ligne de conduite la plus avantageuse à l'Église comme à l'État et par sa manière de voir et d'agir faisant, d'une politique déjà traditionnelle une politique avant tout chrétienne. A la poursuite de cette liberté réciproque il n'a nullement besoin de com-

---

(1) Le roi défendit aux baillis et sénéchaux de vendre leurs charges à leurs parents, frères, neveux, enfants ou même amis de leurs parents ; c'était une singulière diminution du droit de propriété et la vénalité des charges était considérablement entamée.

(2) Quant à l'interdiction des présents, on connait la fameuse histoire qui y donna lieu et se passa à Hyères, au retour de la Terre-Sainte. Le roi avait reçu deux palefrois d'un abbé de Cluny, l'un pour lui, l'autre pour la reine, puis il avait été prié par l'abbé de vouloir bien lui accorder une audience. Le roi l'ayant admis et écouté longtemps : « Sire, n'est-il pas vray, demanda Joinville, quelque temps après cette entrevue, que vous avez escouté l'abbé de Cluny ainsi longuement pour le don de ses deux chevaulx. Et le roy respondit que certes ouy. Et je lui dis que je lui avais fait telle demande affin qu'il deffendit aux gens de son conseil juré que quand ils arriveraient en France, qu'ilz ne punissent riens de ceulx qui auraient à besongner par devant lui....... Lors le Roy appella tout son conseil et lui compta en rien la demande que je lui avais faite et la raison de ma demande. »

poser la Pragmatique qu'on veut absolument lui attribuer, en dépit de la critique des faits la plus péremptoire [1], et qui n'eût été qu'un moyen de jeter des semences de division éternelle entre la Papauté et le pouvoir royal français. La pensée de Saint Louis toujours respectueux pour les pontifes romains et canonisé par eux [2] nous paraît autre et consister dans une double ligne de conduite qu'on peut ainsi définir : soumission absolue à l'Eglise, à ses prescriptions et à ses ministres dans toutes les matières spirituelles ; contrôle de ses décisions par le

---

(1) Un des maîtres de la science historique contemporaine, M. Guizot a été fort embarrassé quand il s'est agi de se prononcer sur l'authenticité de la Pragmatique. Il s'en est tiré en ne prenant parti ni pour l'une ni pour l'autre opinion. Mais n'est-ce pas déjà une condamnation dans la bouche d'un protestant intéressé en plus par ses précédentes doctrines (*Hist. de la Civilisation*, leç. XIV, p. 155) à dire le contraire du passage suivant : L'authenticité de cet acte, vivement soutenue au xviie siècle

• par Bossuet et, de nos jours, par M. Daunou a été et est encore contestée par des
» raisons sérieuses que M. Félix Faure, dans son *Hist. de Saint Louis*, a clairement
» résumées. Je n'ai nul dessein d'entrer ici dans l'examen de ce petit problème his-
» torique » *Hist. de France racontée à mes petits-enfants*, t. I, p. 517. Pour nous qui désirons que nos lecteurs y entrent, nous les renvoyons à l'ouvrage de M. Faure, t. II, p. 271. Nous ajoutons ces courtes réflexions qui nous paraissent renverser tout le savant échafaudage construit autour de la Pragmatique pour l'étayer. Comment se fait-il qu'un acte si important n'ait été cité par aucun contemporain de la Pragmatique et qu'il n'ait été l'objet d'aucune protestation de la part des Pontifes de Rome vivant sous Saint Louis ? Qu'oublié au xiiie siècle il ne paraisse que deux cents ans plus tard, lorsque le besoin le fit découvrir sous Charles VII, qu'il ne soit écrit ni dans le style de l'époque ni dans le ton habituel de Saint Louis ; qu'ignoré au moment de sa prétendue naissance le lendemain de sa naissance véritable en 1491 il ait été accusé de fausseté devant le Parlement. Au reste trois opinions bien tranchées sur la Pragmatique. 1° L'opinion de l'école anti-religieuse admettant la Pragmatique et en tirant les conséquences les plus désastreuses. 2° L'opinion de l'école religieuse admettant la Pragmatique, mais n'en faisant nullement une arme contre l'Eglise. 3° L'opinion de l'école religieuse et je me permettrai d'ajouter, historique l'authenticité de la Pragmatique et tout ce qui peut s'y rapporter en bien ou en mal. M. Wallon après avoir longuement énuméré les raisons pour et contre l'authenticité de la Pragmatique conclut ainsi : « C'est donc

» un acte qui a été supposé au temps où il commence à se produire, il a été fabriqué
» au xve siècle, et nous avons dit dans quel intérêt. Ceux qui l'ont invoqué depuis
» n'ont pas soupçonné les difficultés qu'il y avait à l'admettre, ou se sont laissé séduire
» par les côtés qui répondaient à leur manière de voir, leurs sympathies gallicanes
» dominant leur critique. Mais, dans l'intérêt même des causes que l'on juge les
» plus excellentes il faut se garder de faire usage de mauvais arguments. »
Saint-Louis et son temps, par M. Wallon, t. II, p. 32.

(2) C'est Boniface VIII qui canonisa Louis IX. Comment veut-on que ce pape qui eut de si violents démêlés pour le maintien de la suprématie de sa prérogative ait déclaré saint celui qui l'aurait vivement attaqué jusque dans son rôle spirituel.

pouvoir royal quand il s'agissait d'affaires purement temporelles. Voici comment se déroule à nos yeux ce double rôle. Tout ce qui est respect théorique accomplissement des lois et observances de l'Église, Louis IX paraît en être la personnification la plus scrupuleuse et la plus autorisée, puisque, d'une part, mille traits de la vie de Louis IX indiquent son zèle permanent, à réaliser le type de perfection chrétienne idéale qu'il ne cessait d'avoir devant les yeux et que, d'autre part, l'Église le meilleur juge de cette perfection, l'a consacrée chez lui et proposée à nos hommages. Des prescriptions passons-nous aux personnes et nous occupons-nous spécialement de cette soumission aux pasteurs et chefs spirituels de l'Église sans laquelle on ne peut concevoir de véritable christianisme, la conduite de Saint Louis est encore à l'abri de toute controverse. Nous le voyons tour à tour offrir son appui au pape contre l'empereur et se déclarer prêt à soutenir par les armes la liberté religieuse [1], implorer avec humilité la bénédiction d'Innocent IV avant son départ pour la croisade, rendre à son confesseur tels respects que celui-ci en était embarrassé [2], 2° multiplier à l'infini les monastères, les maisons religieuses, les ordres religieux et recommander à son fils dans son testament, comme un de ses devoirs les plus importants, d'aimer et honorer les gens d'Eglise et de religion, et de bien se garder qu'on leur enlève les revenus dons et aumônes qu'ils tenaient de la libéralité de ses devanciers [3]. Mais le prince qui

---

(1) A la fin d'août 1242, Saint Louis écrivit aux cardinaux de négliger tout pour élire un pape et de ne pas se laisser effrayer par les menaces d'un certain prince qui voulait cumuler le sacerdoce et l'empire. C'était désigner Frédéric II. Il finissait par leur promettre l'appui de son royaume en cas de besoin. Cette lettre se trouve parmi celles de Pierre de la Vigne, chancelier de l'empereur Frédéric II. (Voyez Huillard-Bréholles, *Hist. diplomatique de Frédéric II*, t. VI, p. 68).

(2) On raconte que toutes les fois que Saint Louis voulait se confesser et qu'il y avait du vent, son confesseur faisait le mouvement de se lever pour aller fermer la porte. Saint Louis l'en empêchait, trouvant que, dans la circonstance, le confesseur était la personne la plus auguste.

(3) « On racompte du roy Philippe mon ayeul que une foiz l'un de ses conseillers lui dist que les gens d'Eglise lui faisaient perdre et amenuser les droiz et libertés mesmement ces justices et que c'estait grant merveille comment il le souffroit ainsi. Et le roy mon ayeul lui respondit qu'il le croioit bien, mais que

a pour les décisions spirituelles et les pasteurs de l'Eglise la déférence la plus absolue, et qui préfère tout plutôt que d'avoir contestation avec eux, le même prince qui s'honore par cette attitude toute chrétienne se redresse et devient tout autre lorsqu'il s'agit de la défense de ses attributions temporelles et de l'indépendance du pouvoir civil plus nécessaire à ses yeux de jour en jour, autant parce qu'elle était devenue l'objet des aspirations universelles que parce qu'elle était désormais à ses yeux la meilleure garantie de l'ordre et de la liberté générale.

Or, cette indépendance du pouvoir civil, de la société civile avait deux faces. Extérieurement il importait à la souveraineté temporelle royauté ou empire, de ne pas relever temporellement du pouvoir de Rome. Intérieurement il importait à la juridiction temporelle, aux tribunaux du roi, d'être émancipés de la juridiction ecclésiastique. La sainteté de Louis IX, sa sagesse et sa modération le préservaient de toute lutte avec le Saint-Siège, mais il eut à se prononcer dans un conflit voisin dû moins encore à l'état d'affaissement et de discrédit de la constitution politique de l'Europe qu'à l'esprit de violence de domination arbitraire et inique de Frédéric II, c'est-à-dire du principal représentant de la société laïque d'alors. Cet esprit d'iniquité et de violence était désapprouvé par Louis IX qui repoussa l'alliance de l'empereur, mais n'alla pas jusqu'à vouloir s'entremettre d'une façon active en faveur des prétentions temporelles du Pape, parce que ce dernier lui paraissait dépasser les bornes [1] de son pouvoir. Les abus du pouvoir spirituel intérieur portaient sur deux points principaux et appelaient deux principales sortes de réformes.

Une jurisprudence en vertu de laquelle tous ceux qui appartenaient à « la clergie », à quelque titre que ce fût, ne relevaient que des tri-

---

» Dieu lui avait tant fait de biens et gratuitez qu'il aymoit mieulx lesser aller
» son bien que d'avoir debat ne contens aux gens de Sainte-Eglise (*Testament de*
» *S. Louis*).

(1) Au concile de Lyon tenu en 1245. Frédéric II fut condamné, excommunié et déposé par le pape Innocent IV. Saint Louis avait essayé, par l'intermédiaire de son représentant au concile, de tempérer une rigueur aussi grande. Après avoir accueilli les plaintes de l'empereur, il refusa de se déclarer pour lui.

bunaux ecclésiastiques, entraînait de nombreux abus, d'abord parce qu'en repoussant la juridiction laïque, les clercs se trouvaient souvent à l'abri de toute surveillance, ensuite parce que l'extrême indulgence des tribunaux ecclésiastiques à l'égard des membres du clergé était devenue pour eux un encouragement. Le chrétien Louis IX ne pouvait restreindre ces priviléges judiciaires sans prévenir le pape et sans tomber d'accord avec lui sur les changements qu'il était à propos d'introduire. Alexandre IV les fit porter sur trois points principaux. Il fut déclaré successivement que les laïques n'encourraient plus l'excommunication : 1° lorsqu'ils arrêtaient des prêtres en flagrant délit de crimes capitaux, à la seule condition que ces prêtres fussent tenus à la disposition des tribunaux ecclésiastiques; 2° lorsqu'ils connaîtraient des crimes commis par des prêtres mariés, à la seule condition que ces prêtres eussent d'abord été dégradés de la dignité sacerdotale par l'autorité compétente; 3° lorsqu'ils agiraient contre des clercs exerçant des professions industrielles. Il arrivait souvent, en effet, que des hommes qui prenaient les ordres inférieurs uniquement pour profiter des immunités ecclésiastiques, ne se croyaient pas tenus de renoncer pour cela aux carrières et aux profits du siècle.

La seconde catégorie d'injustices qui résultait de la prépondérance de pouvoir spirituel au-dedans était l'abus de l'excommunication qu'on ne pouvait éviter, pour peu qu'on fût en contestation avec le clergé sur des matières même temporelles et qui, enfantant un grand nombre d'effets civils, jetait un tel trouble dans toutes les relations sociales qu'on avait fini par n'y plus prendre garde [1], l'excès du mal en arrivant à se détruire lui-même et l'Eglise n'ayant pas moins à souffrir de cet état de choses que la société laïque. Un point restait hors de contestation, c'est que l'excommunication et ses effets civils fussent sans appel lorsqu'il s'agissait d'hérésie; sur tous les autres points on appelait une réforme et c'est en parfaite conformité avec le besoin général, aussi bien qu'avec le sentiment du pape Grégoire IX,

---

[1] L'évêque Guy d'Auxerre, délégué par l'assemblée des évêques auprès du roi Louis IX, lui parlait ainsi : On ayme mieulx mourir tout excommunié que de se faire absouldre, et nul ne veult faire satisfaction à l'Eglise.

que Louis IX, rejetant l'avis des évêques qui voulaient que ni lui ni ses juges n'eussent à connaître de leurs causes [1] proclama souverainement injuste « de contraindre à soy faire absouldre ceulx à qui » les clercs feroient tort »; décision importante qui empêchait l'exécution de la partie civile de la sentence avant que les tribunaux civils eussent été pressentis, établissait la distinction formelle de la compétence absolue de l'Eglise en matière spirituelle et de sa compétence restreinte en matière temporelle, inaugurait par là le régime de l'indépendance des deux pouvoirs, gage de leur dignité et de leur force réciproques, et revenait sur la pensée de Charlemagne, accordant invariablement le dernier mot aux juges d'église. L'état politique de la société ecclésiastique féodale, qui n'admettait plus ce que sa constitution originelle contenait de liberté et qui, à la place d'une direction générale spirituelle, rêve du grand empereur, n'offrait plus souvent que des tyrannies particlles, cet état politique et social appelait une

---

(1) Le récit suivant est emprunté à Joinville. Tous les évêques de France étaient réunis au Palais pour présenter au roi leurs doléances. L'évêque Guy d'Auxerre, délégué du corps épiscopal, s'exprima ainsi : « Sire sachez que tous les prélats qui » cy sont en vostre présence me font dire que vous lessez perdre toute la chrétienté » et quelle se pert entre vos mains. Adonc le bon roy se signe de la croix et dit : » Evesque, or, me dites commant il se fait et par quelle raison ? — Sire fit l'evesque, c'est pour ce qu'on ne tient plus compte des excommuniez : car, aujourd'hui, » un homme aymerait mieulx mourir tout excommunié que de se faire absouldre, et » ne veult nully faire satisfaction à l'Eglise. Pourtant, sire, ils vous requèrent tous » à une voiz pour Dieu, et pour ce que ainsi le devez faire, qu'il vous plaise commander à tous vos baillifs prévotz et aultres administrateurs de justice que où il » sera trouvé aucun en vostre royaume qui aura esté an et jour continuellement » excommunié qu'ilz le contraignent à se faire absouldre par la prinse de ses » biens. Et le saint homme respondit que très voulentiez le commanderoit faire de » ceulx qu'on trouverait estre torconniers (injustes, concussionnaires) à l'église et » à son presme (prochain. ayant droit). Et l'evesque dist qu'il ne leur appartenait à » congnoistre de leurs causes. Et à ce respondit le roy qu'il ne le feroit autrement » Et disait que ce seroit contre Dieu et raison qu'il fist contraindre à soy faire » absouldre ceulx à qui les clercs feroient tort.... Et de ce leur donna exemple du » conte de Bretaigne qui par sept ans a plaidoié contre les prélats de Bretaigne tout » excommunié et finablement a si bien conduite et menée sa cause que notre saint » Père le Pape les a condamné envers celui conte de Bretaigne ». Citation tirée de l'Histoire de France, de Laurentie. T. II. p. 261, 265.

réforme [1]. Louis IX en en prenant l'initiative n'agissait pas seulement en politique, il agissait surtout en chrétien, en homme voulant le bien de l'Eglise et la conformité de sa situation extérieure et, partant, mobile, aux besoins de l'époque.

Où mieux placer le point culminant du mouvement philosophique et théologique du moyen-âge que sous le pouvoir du prince, résumé du moyen-âge, dans ce qu'il a de plus noble et de plus élevé. Ce rêve de l'imagination fut réalisé par Louis IX, puisque, d'une part, les plus grands noms de la théologie et de la philosophie scolastiques, S. Thomas, S. Bonaventure, appartiennent à cette époque et que, d'autre part, chacun de ces merveilleux docteurs fut le conseiller intime ou, au moins, l'ami du dépositaire du pouvoir royal, On connaît cette célèbre distraction à laquelle Louis IX ne prit garde que pour ne pas en laisser perdre le fruit [2], et qui donne la preuve du degré d'intimité et de haute considération dont « l'Ange de l'Ecole » jouissait auprès du monarque. On n'a pas à raconter sur Saint Bonaventure une anecdote aussi frappante, mais comment supposer qu'ayant été pourvu d'une chaire à Paris en 1253 [3] et ayant pris

---

(1) M. Laurentie, dont la haute raison et l'esprit si remarquablement sain nous ont si souvent servi de guide, s'exprime ainsi : « Louis IX s'efforçait de faire prévaloir le droit de la royauté dans cette profonde altération du régime féodal, dont
« l'église avait primitivement spiritualisé les pouvoirs et qui, après deux siècles,
« avait fini par n'être qu'une expression de la domination matérielle de la force. En
« faisant revivre le droit commun, Louis IX rendait à la Monarchie son caractère
« chrétien. Les évêques féodaux durent plus d'une fois résister à ce retour d'au-
« torité; mais le saint génie de Louis entraîna l'assentiment du clergé tout entier.
« et sa mission parut grande à l'Eglise puisque l'Eglise finit par la couronner de
« gloire. » Laurentie, *Hist. de France*, t. 2, p. 265.

(2) Saint Thomas dînant chez Saint Louis frappa tout à coup sur la table en s'écriant : « Je tiens un argument décisif contre les manichéens. » Il avait complètement oublié le lieu où il était. S. Louis, loin de s'en formaliser, ne voulut pas qu'il s'excusât, et pria le Docteur de dicter aussitôt l'argument de peur qu'il n'échappât à sa mémoire.

(3) S. Bonaventure obtint une chaire de théologie à Paris en 1253. Plus tard il fut nommé général de son ordre. Une édition nouvelle des œuvres de Saint Bonaventure préparée par le R. P. Fidèle da Fanna contient un certain nombre de sermons inédits prêchés à Paris ou aux environs devant Saint Louis.

place, dès lors, parmi les docteurs les plus renommés de cette cité,
ayant prêché de plus un grand nombre de sermons devant Saint Louis,
un rapprochement ne se soit pas établi entre le « docteur Séra-
» phique » et le Prince qui pratiqua sur le trône les vertus du cloître.
L'histoire nous montre l'influence littéraire de Saint Louis s'exerçant
bien plus encore par ses qualités d'homme que par ses fondations de
roi et la hauteur de ses idées, ses sentiments d'équité et de modération, ses goûts studieux faisant régner en France une atmosphère
intellectuelle et morale bien supérieure à ce qui existait dans le reste
de l'Europe [1].

Le siècle était trop absorbé intellectuellement par les disputes théo-
logiques et philosophiques pour être préoccupé des problèmes du
monde physique et extérieur, et il semble même que ce n'est qu'en
passant et à leurs risques et périls [2] qu'il fût permis aux docteurs
d'interroger la nature. Il y aurait pourtant injustice à taire les progrès réalisés sous Saint Louis dans cette branche des connaissances
humaines [3] et à oublier ici le droit du moine Roger Bacon à être
regardé, sinon comme le père immédiat, au moins comme le principal

____

(1) M. Villemain dit fort bien à ce sujet : « Si vous considérez l'état de l'Europe,
» nulle part il n'y avait autant d'ordre et de justice que dans la capitale du royaume
» de France ; et ce qu'on y trouvait encore de barbarie était partout en Europe. »
Villemain, Cours de littérature au moyen-âge, t. I, p. 288.

(2) Le moine anglais Roger Bacon fut en butte aux persécutions à deux reprises
différentes, de 1257 à 1267 et de 1278 à 1292. Cette persécution lui fut attirée par sa
manière toute différente de celle de son époque d'envisager les choses, de demander
tout à l'expérimentation, alors qu'on demandait tout au raisonnement. Albert-le-
Grand avait déjà suivi la méthode expérimentale dans l'étude des sciences physiques, mais s'étant également occupé de philosophie, de théologie il avait sacrifié à
la science syllogistique. Roger Bacon avait les yeux presque exclusivement tournés
vers le monde extérieur et dédaignait le raisonnement pur, il ne pouvait être com-
pris. Roger Bacon, anglais d'origine, habita cependant la France de 1247 à 1267 au
moins. C'est en France qu'il écrivit ses principaux ouvrages.

(3) Les principales découvertes attribuées au moine Roger Bacon sont : les propriétés des verres convexes, l'invention des lunettes, du microscope et du télescope,
la réforme du calendrier. On peut même voir dans ses ouvrages la découverte des
forces de la vapeur, des aérostats, des machines à plonger, des ponts suspendus. Il
y a longtemps que l'usage de la poudre était connu des peuples arabes et orientaux.

inspirateur au moyen-âge et, en quelque sorte, le précurseur du progrès scientifique moderne [1].

C'est surtout, dans le domaine purement artistique, que l'influence chrétienne de la royauté se fait sentir et aboutit à de magnifiques résultats. Et ici, je ne parle pas seulement de la musique qui s'enrichit de chants nouveaux d'une suavité et d'un sentiment religieux ineffable dans sa monotonie [2], je fais surtout allusion au mouvement de l'architecture, peut-être le plus digne d'étude qui se soit produit dans notre pays et, en tout cas, le plus chrétien comme le plus national [3]. Parti des pays au Nord de la Loire, c'est-à-dire du domaine le plus ancien du pouvoir royal, ce mouvement, sous le plus religieux des Capétiens, passa la Loire qui séparait les deux Frances d'alors, franchit le Rhin, la Manche [4] et se signala par les deux genres de mérite qui assurent une place à part dans les arts : une inspiration remarquable et une exécution capable de la rendre. N'y eût-il que la Saint-Chapelle, cette chasse de pierre, à la fois si délicate et si robuste, terminée probablement en trois ans 1235-1238, l'architecture du XIIIe siècle aurait fourni la preuve de sa valeur artistique et de la rapidité de ses moyens d'exécution. Le pouvoir royal,

---

(1) M. de Humbolt appelle, dans son cosmos, Roger Bacon la plus grande apparition du moyen-âge.

(2) C'est le XIIIe siècle qui a généralisé dans des limites bien étroites encore, il est vrai, l'introduction des parties ou l'harmonie dans la musique. L'origine du » contre-point ne peut guère être fixée avec certitude: inconnu ou repoussé des » anciens, il éclot obscurément au moyen-âge. » (Note de la page 345 de l'*Histoire d'Henri Martin*, t IV). Je me souviens d'avoir entendu la musique de Saint Louis à l'église Saint-Eustache de Paris : cette musique était remarquable par son caractère religieux et plaintif.

(3) M. Henri Martin conclut dans un passage fort éloquent sur l'art ogival par ces réflexions : » La renaissance dans les arts plastiques comme dans la littérature » aura apporté à la France...... des formes perfectionnées par une seconde éducation grecque et romaine, mais notre fonds national est chez nos maitres ès-œuvres » comme chez nos trouvères et nos troubadours ». M. Martin, *Histoire de France*, t. IV, p. 345, 346.

(4) » Complètement maitresse de la France proprement dite avant la fin du » XIIe siècle, l'architecture nouvelle commença de gagner d'une part l'Angleterre » normande, les Pays-Bas et l'Allemagne, de l'autre, la France méridionale, l'Espa-

sous Louis IX, était à la tête de ce mouvement religieux, tant par les habitudes de son inspiration et le caractère contagieux de ses exemples, que par l'importance et le nombre des œuvres dues à son initiative directe [1].

Nous avons vu que le caractère traditionnel du pouvoir qui avait consisté, sous les deux premières races, dans une sorte de choix indistinct, quant à la personne au sein d'une même famille, avait reçu son complément, sous la troisième, par l'adjonction du droit de promogéniture et l'introduction de l'unité de commandement. Il est clair que Louis VIII, Louis IX, ne pouvaient ni ne voulaient revenir sur ces progrès dus aux premiers capétiens et respectés par leurs successeurs immédiats : Louis VI, Louis VII, Philippe-Auguste; mais il pouvait arriver qu'inconsciemment et par l'étendue des apanages laissés à leurs fils cadets, les nouveaux princes rétablissent, en partie, d'une façon indirecte, ce qui avait été corrigé avec tant de peine. C'est dans le soin à se préserver du retour à un pareil danger que Louis VIII et Louis IX montrent chacun la part d'habileté qui lui était propre. Louis VIII, chez qui l'impétuosité domina souvent la prudence, laisse à ses fils puinés de véritables provinces en guise d'apanages, à Robert l'Artois, à Alphonse, le Poitou et l'Auvergne, à Charles, le Maine et

---

• gne et la Haute-Italie. Les peuples du Nord, n'ayant point d'art qui leur fût propre, acceptèrent l'art français à la place de l'art roman et rivalisèrent avec nous par de nombreuses et importantes constructions; mais nos régions du Midi, trop fortement imprégnées des traditions romaines, ne donnèrent jamais à l'architecture ogivale un essor aussi libre et aussi puissant. • (Henri Martin, *Histoire de France*, t. III, p. 415). D'après le témoignagne si compétent de M. Viollet-le-Duc, l'architecture gothique régnait depuis cent ans en France, lorsqu'elle passa à l'étranger où elle fut importée par des artistes français. Le nom d'architecture française était le nom porté par l'architecture gothique au XVI⁰ siècle, s'il faut en croire Philibert de Lorme (consulter à ce sujet. *Histoire littéraire*, t. XXIV, p. 694.)

(1) Comme monuments principaux, il nous suffit de citer les deux saintes chapelles de Paris et de Vincennes, l'hospice des Quinze-Vingts, la maison des béguines de Sainte-Avoye et celles de l'Ave Maria, la maison des Chartreux de Vanvert-lès-Paris, le réfectoire, le dortoir et l'église des Franciscains, le couvent des Carmes, les hôtels de Vernon, de Compiègne et de Pontoise, l'église et le couvent des dominicains de Compiègne, la maison des dominicains de Caen, l'église et le couvent des Trinitaires de Fontainebleau, la maison des sœurs de l'ordre de Saint-Dominique de Rouen, etc. etc. etc.

l'Anjou; Louis IX dont les lumières égalaient la piété, se contente de léguer à son fils Tristan, le comté de Valois, à Pierre les comtés d'Alençon et du Perche, à Robert, le petit comté de Clermont-en-Beauvaisis. La plénitude du caractère traditionnel établie par les Capétiens était l'objet d'un respect tout spécial de la part du plus auguste d'entre eux.

Si le caractère national, le troisième, selon nous, des attributs essentiels du pouvoir en France a reçu la même sanction, il faut convenir qu'il a été, à cette époque, l'objet d'une sorte de consécration nouvelle. Or, c'est précisément cet état de choses qui nous paraît résulter des deux faits suivants dans lesquels nous avons cru devoir placer la nationalité du pouvoir. Le pouvoir de la fraction de territoire, destinée à englober toutes les autres et à devenir le pouvoir national (il ne pouvait pas encore être question, avec l'éparpillement de la féodalité, d'un pouvoir universel), ce pouvoir reçoit, sous Louis VIII, Louis IX de nombreux accroissements. Les progrès en sécurité et avantages de toute nature de la masse nationale sont en parfaite corrélation avec les progrès en importance de la Royauté. La brièveté du règne de Louis VIII, l'exagération de scrupules et surtout de confiance de Louis IX (la confiance l'emporta sur les scrupules) [1], n'empêchent pas chacun de ces princes d'apporter sa pierre et une pierre considérable à l'édification territoriale progressive de l'unité nationale. La corrélation entre les progrès de la royauté et les progrès en tous genres de la grande masse du pays se traduit par un grand nombre de réformes dont nous allons indiquer les suivantes comme les principales et comme n'ayant pas encore été citées : l'achèvement de l'œuvre de Louis VI avec la destruction, dans les campagnes, des derniers châteaux oppresseurs et l'obligation pour, les seigneurs, témoin le procès d'Enguerrand [2], de se courber tous, sous un

---

(1) C'était bien moins le doute sur la légitimité de ses conquêtes que le désir d'établir une paix durable entre la France, l'Angleterre et les deux familles souveraines qui les dirigeaient qui le faisait renoncer à une partie de ses conquêtes.

(2) Enguerrand de Coucy, l'un des plus puissants seigneurs d'alors, avait fait pendre trois jeunes gens du comté de Flandres et un abbé de Saint-Nicolas surpris sur ses terres avec des arcs et des flèches. Enguerrand fut arrêté et conduit au Louvre. Il fallut l'intercession des plus grands personnages de l'époque, parents ou

même niveau de justice, la diffusion de la langue parlée dans le pays, berceau du territoire national, partant, de la langue nationale et un surcroît de popularité ajouté à cet idiome par les noms littéraires qui y paraissent, le recours perpétuel à des conseils où entraient les membres des clergé régulier et séculier, véritable représentation du peuple à cette époque, l'augmentation du nombre des cas royaux où il y avait transfert des causes de la juridiction privilégiée des seigneurs à la juridiction de droit commun du roi, la préférence par le pouvoir royal du droit romain où l'égalité prévalait sur les coutumes germaniques, où l'inégalité était prépondérante comme base et source de la législation nouvelle.

Après ce que nous avons dit de l'idée que Saint Louis se faisait de son pouvoir, nous n'avons pas besoin d'ajouter qu'il fut véritablement fort, c'est-à-dire également éloigné d'une faiblesse conduisant à l'anarchie et d'une tendance à l'absorption générale de tous les droits préparant le despotisme. Habitué à mettre en Dieu l'origine de la royauté et à la considérer comme l'interprète le plus autorisé, dans le domaine temporel, des volontés divines, Saint Louis, se garda bien de laisser entamer ce ministre des desseins de la Providence et maintint l'œuvre de ses prédécesseurs immédiats qui avaient mis la royauté de fait sur le même rang que la royauté de droit. D'un autre côté, jaloux de respecter lui-même et de faire respecter par les autres les droits d'autrui à l'égal des siens propres, Saint Louis n'eut jamais l'intention d'empiéter sur les prérogatives féodales et regarda comme un rôle assez beau pour son pouvoir, d'y présider en toute bonne foi. S'il eût jamais pensé que ses créations administratives seraient regardées plus tard comme ayant préparé de très loin, sinon le despotisme au moins le règne d'une monarchie si concentrée qu'elle était devenue presque absolue,

---

amis de Coucy pour qu'il en fût quitte pour la perte d'une partie de ses prérogatives, de ses biens et de sa liberté d'action; donation du bois où les jeunes gens avaient été pendus, à l'abbaye de Saint-Nicolas, fondation de trois chapelles perpétuelles pour l'âme des victimes, perte des droits de haute justice sur les bois et les vivrais, en sorte qu'il lui était désormais défendu de mettre en prison ou de punir de mort pour aucun fait qui les concernât, obligation de payer une amende de dix mille livres parisis, somme énorme pour l'époque, et de passer trois ans en Terre-Sainte.

il eut été le premier à s'étonner de conséquences auxquelles il ne travailla ni même ne songea jamais.

Si l'on essaie de se rendre compte du véritable sens du mot progrès dans son application au gouvernement des peuples, on ne tarde pas à voir, sous ce mot, une double signification qui, joignant les idées de prudence et d'avancement, indique la réunion de qualités rares déjà à l'état isolé et témoigne chez celui qui l'a comprise et en fait la règle de sa conduite, d'une parfaite conformité à cet idéal de sagesse et de raison politique qu'on peut ainsi définir : respect profond du présent dans ce qu'il a de légitime, zèle infatigable à préparer l'avenir. Le pouvoir royal ayant été sous Saint Louis tel que nous l'avons montré, il eût été surprenant que sa fidélité à tout ce qui était grand et juste sous la plus sûre des règles, sous la règle de l'Évangile, n'eût pas été en même temps la réalisation de cet idéal, et que, le plus saint de nos rois n'eût pas été en même temps le plus progressif. Tout essai de démonstration nouvelle à cet égard serait donc forcément une redite. Ce qu'il nous importe d'établir rapidement pour expliquer notre sujet rendu obscur par sa seule étendue et l'éclairer au moyen d'une revue sommaire, c'est l'ordre dans lequel il faut classer ces transformations progressives. Nous avons vu qu'elles étaient de deux sortes, intérieures et extérieures, les premières se rapportant aux progrès soit politiques soit purement administratifs et civils, soit matériels et intellectuels, soit religieux et relatifs aux rapports de l'Eglise et de l'Etat, les secondes se rapportant au développement de notre influence étrangère et à notre extension territoriale selon certaines règles que nous avons indiquées comme l'accompagnement nécessaire, à nos yeux, d'une véritable amélioration dans notre situation du dehors.

Le véritable progrès politique intérieur consistant dans l'unité morale et sociale bien plus que dans l'unité purement extérieure, dans la centralisation, n'est-ce pas la ligne de conduite suivie par le pouvoir du prince qui ne s'appliqua pas seulement, à l'instar de ses devanciers, à combattre, dans les principaux soutiens de la féodalité, les plus dangereux champions de la division sociale et morale, mais qui, pour amener un résultat absolument contraire, employa les seuls moyens efficaces en s'occupant, surtout, des faibles et des pauvres, en honorant leur sort et recherchant leur compagnie, tandis qu'il évitait,

avec le plus grand soin, le faste et les plaisirs des grands ? Le progrès
civil et administratif n'est-ce pas cet ordre de choses civil et administratif
respectant les droits anciens, en préparant de nouveaux et, pour les
multiplier, prodiguant les réformes avec une ardeur et un sens droit
que nous avons indiqués, à propos du sentiment chrétien qui les ins-
pira ? Le progrès matériel n'est-ce pas sous cette désignation qu'il faut
placer : la multiplication des Hôtels-Dieu [1], la continuation des
grands travaux publics, et en particulier, la construction des ponts,
sous la direction des Frères-Pontifes [2], l'amélioration des édifices
civils et militaires [3], enfin et surtout les nombreux développements et
encouragements donnés aux sciences mathématiques, physiques et naturelles : introduction des chiffres arabes en France et application de
ces chiffres au calcul du calendrier et à la supputation des jours de
fêtes mobiles, progrès dans l'algèbre et la mécanique, composition de
nombreux traités sur l'astronomie où, du reste, on ne revient guère
qu'à ce qui avait été découvert et à la science de Ptolémée, découvertes dans les sciences naturelles grâce, surtout, au génie du moine
Roger Bacon, extension de privilèges et garanties accordés à la médecine avec l'obligation, pour tous ceux qui s'y destineraient, de subir un
examen préalable [4].

Le progrès dans le domaine de l'intelligence pure n'est-il pas facile,

---

(1) Saint Louis fit beaucoup pour l'agrandissement et la multiplication des Hôtels-
Dieu.

(2) Le premier pont d'Avignon est dû à la corporation des Frères-Pontifes qui al-
laient partout dans le midi, louant leurs services. Le pont Saint-Esprit fut commencé
vers la fin du règne de Saint Louis. 1265. Les Frères-Pontifes furent sécularisés en
1519 François Ier.

(3) L'architecture des habitations civiles était sortie des langues monastiques, dès
la fin du xiie siècle, au dire de M. Viollet-le-Duc, t. I, p. 322. L'architecture militaire élevait alors des forteresses qui étaient imprenables avec les engins de
l'époque. Il suffit, pour s'en convaincre, de visiter les ruines du château de Coucy.

(4) En 1220, l'école de médecine de Montpellier fut dotée des mêmes privilèges
que l'Université de Paris. La médecine, de plus, entra dans une nouvelle voie par
l'obligation, pour ceux qui s'y destinaient, de subir certains examens préalables. Ces
examens étaient la meilleure garantie qu'on pût imaginer pour les médecins comme
pour les malades.

malgré l'état stationnaire ou même la double décadence de la chaire [1] et de la plus haute poésie, de le reconnaître; d'une part, aux améliorations ou même aux transformations subies par le drame, l'histoire, le droit et surtout, la philosophie scolastique alors en possession de fixer en quelque sorte sur ce point l'état de la science et de fournir des chefs-d'œuvre qu'on ne dépassera pas; d'autre part, au merveilleux épanouissement du style ogival qui produisit alors ses meilleures œuvres et par la perfection qu'il rechercha jusque dans ses moindres détails [2] fournit tous ses compléments : une richesse de couleurs admirable dans la peinture sur verre la plus usitée de l'époque, une fécondité et un naturel exquis dans la manière d'entendre et de proportionner les édifices religieux, de les décorer de statues, de les enrichir de tous les détails de l'ornementation sculpturale [3]. Nous nous

---

(1) Il n'y a pas de progrès à signaler dans l'éloquence de la chaire, la seule de l'époque, bien qu'elle continue à compter des noms illustres. Il n'y a pas non plus de progrès à signaler dans la plupart des genres poétiques ; qu'il s'agisse, avec la chanson de geste, de l'inspiration la plus élevée, la plus voisine de l'épopée, chanson qui tombe au xiii° siècle, aux mains de « remanieurs » sans souffle original, ou bien qu'il s'agisse de ces pièces de vers plus courtes, plus fugitives : tensons, odes, ballades, pastourelles, que le goût des deux peuples méridional et septentrional par rapport à la Loire avait mis en honneur sur ses deux rives et que des causes diverses firent décliner dans le midi, c'est-à-dire dans le pays où elles avaient jeté le plus vif éclat, ne laissant plus de place qu'à un genre de poésie tout de malice et d'ingéniosité, aux lais et aux fabliaux des trouvères. Sur tout ce qui concerne l'éloquence de la chaire à cette époque, voir l'ouvrage si substantiel de M. Lecoy de la Marche : *La chaire française au moyen-âge,* ouvrage couronné par l'Académie des inscriptions et belles-lettres, Paris 1868. M. Lecoy de la Marche fait remonter à l'année 1260 une tendance de tous les prédicateurs à la subtilité ou à l'affectation des scottistes.

(2) « Ici même, (à propos de la châsse de S. Marcel exécutée en 1262) ici même l'orfèvre n'est plus seulement sculpteur, il se fait architecte. Les châsses du xiii° siècle veulent aussi imiter des cathédrales. Le tombeau, comme on l'a dit, devient un sanctuaire. La châsse de S. Marcel était une église en miniature avec deux portiques, nef et bas-côtés » (Wallon, *S. Louis et son temps,* t. II, p. 381, 382.) La menuiserie, la serrurerie, l'ébénisterie avaient fait de véritables progrès. Il suffit, pour s'en convaincre, d'examiner les tables, les autels de cette époque, les magnifiques peintures, si curieusement travaillées, des portes.

(3) « On a lieu de s'étonner, dit M. Viollet-le-Duc à propos des trois portes de Notre-Dame de Paris, que cette époque, le treizième siècle, ait pu fournir un nombre d'imagiers assez considérable pour permettre d'élever des portes aussi

sommes suffisamment expliqué sur l'architecture. Quelques mots de développement sont nécessaires sur le drame, l'histoire, le droit, la philosophie scolastique.

Le drame des mystères chrétiens qui avait été, durant la première période, enfermé dans les églises, commence à en sortir au xiiie siècle [1] et d'œuvre latine et exclusivement cléricale, devient une œuvre semi-française et semi-laïque, les deux langues latine et française s'y mêlant désormais et la religion ne fournissant plus que le sujet des pièces. Un double pas en avant se fait avec Jean Bodel le compagnon de S. Louis à la croisade, qui inaugure la tragédie [2] en langue vulgaire, avec Adam de la Halle, originaire d'Arras comme Jean Bodel et qui donne en 1262 la première comédie féerie. Le domaine de l'histoire et de la géographie s'étend non-seulement par le nombre et l'importance des matières, mais encore par la façon plus large dont ces matières sont présentées au public. L'histoire se généralise avec la chronique universelle de Mathieu Pàris [3], avec celle de Guillaume de Nangis [4], avec la continuation des grandes chroniques de S. Denis [5], avec le miroir historial de Vincent de Beauvais, l'auteur encyclopédique du siècle, et qui dut de pouvoir composer son résumé

» richement décorées en très peu de temps, d'autant que les différences de faire » sont peu sensibles, que toutes ces figures sont sculptées dans de la pierre dure » comme du marbre et toutes d'un style et d'une exécution remarquables. »

(1) Voir sur ce sujet l'ouvrage malheureusement inachevé de Charles Magnin : *Les origines du théâtre moderne* ou histoire du génie dramatique, depuis le r^e jusqu'au xvie siècle.

(2) Cette première tragédie en langue vulgaire est : *le Mystère de S. Nicolas.* La première comédie féerie due à Adam de la Halle est : *le Jeu du mariage d'Adam.*

(3) Mathieu Pàris (Parisius ou Parisiensis) moine bénédictin de l'abbaye de Sainte-Albans, au diocèse de Lincoln, est né vers 1197 et mort en 1259. Il a écrit une chronique universelle.

(4) Nous avons déjà parlé de Guillaume de Nangis. Il a laissé une chronique de la création à l'an 1300 traduite dans le tome XIII des *Mémoires relatifs à l'Histoire de France,* par M. Guizot.

(5) « M. Paulin Pàris assure que le type le plus ancien des grandes chroniques de « S. Denis est une courte chronique qu'un ménestrel du comte de Poitiers traduisit « du latin sous Saint Louis. » Note de la page 245 de l'*Histoire de Saint Louis,* par M. Wallon.

aux nombreux matériaux historiques amassés par Saint Louis [1]. Ce n'est pas assez de se généraliser, l'histoire se perfectionne pour le ton. Avec la même absence de critique des faits anciens et de respect de la chronologie, elle offre plus de naturel, d'esprit et de vie dans le récit des faits contemporains. La géographie, en tant que cosmographie et géographie proprement dite, ne demeure pas non plus en arrière, puisque la sphéricité de la terre est formellement admise à l'encontre de la théorie de la terre carrée [2], et qu'une partie de l'Asie occidentale et centrale, la partie orientale de l'Europe nous sont expliquées ou révélées par les diverses missions religieuses venues à la suite, et comme complément des croisades [3]. Les deux missions de 1249 et de 1253 sont même, d'une façon toute particulière l'œuvre du pouvoir royal et une œuvre importante, les découvertes de Rubruquis ayant préparé celles de Marco-Paolo. Ce que l'histoire gagne en élévation et en originalité, elle le gagne aussi en popularité. Elle était latine, elle commence à s'exprimer en français ; elle était le monopole des clergés régulier et séculier, elle est racontée par de simples laïques. Joinville suit Villehardoin.

Même progrès dans la science du droit et dans la science théologico-philosophique où Saint Louis a bien soin qu'aucune des deux branches du domaine juridique, droit civil, droit canon [4], ne soit sacrifiée à l'autre, où il souffre encore moins les empiètements de la philosophie sur la théologie [5] et fait de la distinction des frontières respectives du

---

(1) **M.** Wallon dit de l'ouvrage historique de Vincent de Beauvais : « Vincent de Beauvais, aidé, comme on l'a vu, des ressources que lui procura le saint roi, montre dans la réunion et la mise en œuvre des matériaux dont il composa son *miroir historial*, une habileté qui n'a pas été surpassée dans ce temps-là. » (Wallon, *idem*.)

(2) L'hypothèse de la terre carrée, admise par Gervais de Tilbury, dans un ouvrage destiné aux loisirs de l'empereur Othon IV : *De otiis imperialibus*, est rejetée. Gauthier de Metz, auteur d'une *Image du monde en vers* qui parut en 1245 se prononce pour la rondeur de la terre.

(3) **S.** Louis confia les deux missions ordonnées par lui à André de Lonjumeau et à Rubruquis.

(4) **Le** droit canon contenait les textes de l'Écriture, les décisions des papes et des conciles.

(5) **La** nécessité de l'intervention royale était tout spécialement nécessaire dans le domaine philosophico-théologique parce qu'il était à craindre que, la philosophie em-

domaine de ces deux sciences, dans une œuvre de génie [1], le meilleur titre à son estime. Ces progrès s'ajoutant, au développement de l'indépendance des deux pouvoirs spirituel et temporel, ne forment-ils pas, dans le domaine des relations de la Société laïque avec la Société ecclésiastique, et en particulier avec son chef auguste le Pape, un ensemble de conduite où la recherche et la conquête de l'amélioration se font partout sentir.

Enfin n'est-ce pas encore le caractère progressif qu'on doit reconnaître aux relations extérieures de Louis VIII, Louis IX, et aux conditions dans lesquelles s'opérèrent leurs agrandissements de territoire. Si ces deux représentants de l'autorité royale ne furent pas guidés au même point par l'équité chrétienne et montrèrent des scrupules différents dans l'emploi des moyens, tous deux du moins s'accordèrent dans la direction à donner à leurs conquêtes, et furent fidèles à cette loi de développement historique qui voulait que tous les territoires de l'ancienne Gaule fussent groupés successivement à l'ombre d'un même pouvoir, et qu'après avoir touché la Manche, avec Philippe-Auguste, la France s'étendit avec Louis VIII et Louis IX jusques à la Méditerranée.

---

piétant sur tout, la manie d'accommoder n'importe quelle doctrine aux opinions d'Aristote ne jetât dans les plus graves erreurs. C'est ainsi qu'Amaury de Chartres, sous l'influence des livres d'Aristote plus ou moins mal traduits et commentés, formula des opinions pour lesquelles il fut obligé de se rétracter. Ses disciples ayant repris ses doctrines furent condamnés à leur tour, et, cette fois, on enveloppa Aristote lui-même dans la sentence, ne faisant pas attention que le Stagyrite était parfaitement innocent si l'on ne voulait voir en lui que ce qu'il était un philosophe. M. Wallon dit : « Elle (la philosophie) avait fait adopter à la théologie sa méthode et l'avait entraînée, au péril de l'orthodoxie elle-même, dans les querelles qui la divisaient. » (*Saint Louis et son temps*, t. II, p. 215.)

(1) Un des principaux buts de la somme de S. Thomas a été d'établir la distinction des deux domaines théologique et philosophique.

Amiens. — Typographie DELATTRE-LENOEL, rue de la République, 32.